12カ月を彩る草花＆動物モチーフ

# 花を楽しむカラフル切り絵

ゆまあひmaki

# はじめに

　黒い切り絵に好きな色をはめ込んでつくるカラフル切り絵。本書では季節の花々を中心に、和紙を用いて色付けした作品を紹介しています。

　どの色にしようかと、切り抜いたところに色和紙を当てて見える世界は、驚くほどあでやか。和紙ならではのにじみやぼかしは、当てる場所や角度をちょっと変えてみるだけでも、うっとりするような表情を見せてくれることがあります。なんといっても植物生まれの和紙ですから、そのやわらかで温かなグラデーションは、草花の持つ自然の美しさを表現するのに最適なのかもしれません。

　たとえば花びらを1枚切り抜いたら、お気に入りの色が見つかるまで、いろいろな色を角度を変えて差し込んでみてください。きっと思い描いた以上の色に出会えるはずです。そんな素敵な色に出会えた時は「わたし天才!?」と、ひそかに自画自賛したくなるほど。その出会いこそが「カラフル切り絵」最大の楽しみであり魅力なのです。感激の瞬間が増えれば増えるほど、作品はどんどん素敵になるはず。

　ひとりでも多くの方が、この魔法のような瞬間を体験して、笑顔を咲かせてくだされば、こんなに嬉しいことはありません。

ゆまあひmaki

目次

はじめに　3

### 花を楽しむカラフル切り絵
### つくり方とアドバイス

身近な道具で始められます　12
紙の選び方　16
デザインナイフの使い方　18
きれいに切るために　20
基本のモノクロ切り絵　22
基本のカラフル切り絵　26
リバーシブルの切り絵　30
モビールに応用する（上級編）　32

### 花を楽しむカラフル切り絵
### 作品集

## 12カ月の
## リースとブーケ ——— 35

1. January ／ 2. 水仙 ／ 3. 水仙のブーケ／
4. February ／ 5. クロッカス／
6. クロッカスのリース／ 7. カメリアのリース／
8. March ／ 9. カメリア ／ 10. 桜のリース／
11. April ／ 12. 桜 ／ 13. May ／ 14. アネモネ／
15. アネモネのリース／ 16. 紫陽花のブーケ／
17. June ／ 18. 紫陽花 ／ 19. July ／ 20. 百合／
21. 百合のリース／ 22. 朝顔のリース／
23. 朝顔／ 24. August ／ 25. September ／
26. ブルーデイジー／ 27. ブルーデイジーのブーケ／
28. クレマチスのリース／ 29. October ／
30. クレマチス／ 31. November ／ 32. ビオラ／
33. ビオラのリース／ 34. ポインセチアのリース／
35. December ／ 36. ポインセチア／
37.〜48. 12カ月の数字

## やさしい シルエット切り絵 —— 65

49. リスとドングリ／50. アヒルと木の葉／
51. ネズミと蕾／52. タツノオトシゴとカラー／
53. 子猫とフルーツ／54. チワワと洋梨／
55. コブタとチューリップ／56. 小鳥とクローバー／
57. ペンギンとメープルリーフ

## はなやかな動物たち —— 73

58. クジラ／59. フラミンゴ／60. キウイ／
61. カタツムリ／62. ヒツジ／63. バク／64. ネコ

## 毎日がちょっとはなやぐ くらしのアイデア —— 81

窓辺を花園に／すりガラス風のフレーム／
切り絵の手づくりカレンダー／
小さな薔薇のギャラリー／コレクションの愉しみ／
贈る気持ちに添えて／紙のジュエリーのように／
はなやぎのテーブルに／おもてなしのデコレーション

## モビールで 花色がさらに美しく 88

65. バラのブーケ／66. バラ

## ガーデナーの お気に入り —— 93

67. ピエール・ド・ロンサール／68. コクテイル／
69. グラハム・トーマス／
70. イングリッド・バーグマン／
71. ソフィーズ・ローズ／
72. バーガンディー・アイスバーグ／
73. ホワイト・ドリーム／
74. イル・ド・フランス／
75. クイーン・オブ・ナイト／76. バレリーナ／
77. ハミルトン／
78. ビューティー・オブ・アペルドーン／
79. チューリップのリース／80. チューリップ

## ありがとうのブーケ 108

81. 母に贈るブーケ／82. 父に贈るブーケ

**コラム●**
思いのままに彩る楽しみ 110

## すぐに使える 色和紙柄の試し紙 112

## コピーして使える 花を楽しむカラフル切り絵
 121

著者紹介 151

## 11月のビオラ

ビオラのリース、
November
ともに作品は57ページ
型紙は133、135ページ

## 名花と呼ばれるバラたち

**グラハム・トーマス**
作品は97ページ
型紙は144ページ

**ピエール・
ド・ロンサール**
作品は94ページ
型紙は144ページ

**コクテイル**
作品は96ページ
型紙は144ページ

世界中で愛されてきた特別な花、バラの名花を切り絵に。美しさも別格です。

## 12カ月のリースとブーケ

季節の花を12カ月分、それぞれリースやブーケにしました。飾る楽しさも満喫できるよう、1輪の作品や月の名前、月の数字も加えています。

紫陽花のブーケ
作品は46ページ
型紙は127ページ

カメリアのリース
作品は41ページ
型紙は124ページ

百合のリース
作品は49ページ
型紙は128ページ

クロッカスのリース
作品は40ページ
型紙は123ページ

ポインセチアのリース
作品は60ページ
型紙は134ページ

December
作品は60ページ
型紙は135ページ

ポインセチア
作品は60ページ
型紙は134ページ

## 12月のポインセチア

## チューリップのコレクション

バラと同様に多彩な色と表情のチューリップも、こだわってセレクトしました。

**イル・ド・フランス**
作品は102ページ、型紙は146ページ

**クイーン・オブ・ナイト**
作品は103ページ、型紙は146ページ

**ホワイト・ドリーム**
作品は102ページ、型紙は145ページ

**クジラ**
作品は74ページ、型紙は140ページ

## 動物たちと花の出会い

花や木の実を添えて、いきものたちにもちょっとおしゃれをさせました。

**カタツムリ**
作品は77ページ、型紙は141ページ

紫も鮮やかに

バーガンディー・アイスバーグ
作品は101ページ
型紙は146ページ

花を楽しむカラフル切り絵

# つくり方と
# アドバイス

# 身近な道具で始められます

使う道具はナイフ、のりなど、どれも身近なものばかりですが、カラフル切り絵に適したタイプを揃えることがポイント。ちょっとした道具の選び方で、作品づくりの楽しさも違ってきます。

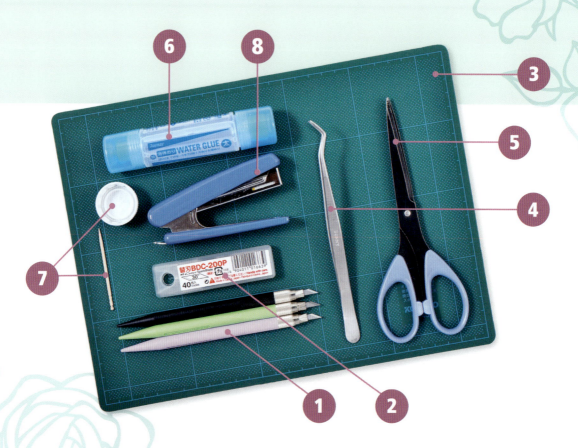

家にあったり、町の文房具屋さんで手に入るもので、まずはスタートしましょう。ただし、デザインナイフと替え刃だけは、カッターなどで代用せずに必ず揃えてください。また、ピンセットも右の説明のように、しっかりしたものをぜひひとつ持っておくことをお薦めします。

使いやすい道具があれば、切り絵づくりもより楽しく、できばえも良くなります。いろいろな図案に挑戦したくなり、それにつれてさらに便利なもの、こだわり道具も欲しくなる。そうしたステップを一歩ずつ進めることで、いつの間にか自分でもうっとりするような作品ができあがるのが、カラフル切り絵です。

## 基本の道具は、これだけ

**① デザインナイフ**
カッターではなくデザイン用のナイフを使いましょう。切り絵づくりに向いているのは、写真の〈NT デザインナイフ D-400（軸最大直径9mm）〉のようなタイプ。はじめはこの程度の太さの軸のものをお薦めします。

**② 替刃（30度）**
デザインナイフの刃は、こまめに変えることが大切。刃先の角度が30度のものと45度のものが一般的ですが、切り絵には刃先の細い30度のものを選ぶと使いやすいでしょう。

**③ カッティングマット**
マットが硬いとナイフをなめらかに動かしにくくなるので、できるだけ柔らかいタイプを選びましょう。刃先も欠けにくくなります。

**④ ピンセット**
先の曲がったタイプのものが、細かな作業に向いています。手持ちのものでも、購入するにも先端がきちんと重なることを確かめて。先がずれていると、薄い紙が思うように挟めません。

**⑤ はさみ**
つくりたい図案に合わせて、紙を扱いやすい大きさにカットする場合などに使います。

**⑥ 水のり**
のりの量の調節は、作品の仕上がりに大きく影響します。のりが多過ぎると和紙にはみ出したり、のりの水分で紙が変形する場合も。少量ずつ出すことのできる、口が細いタイプを選びましょう。

**⑦ ペットボトルのフタと爪楊枝**
ペットボトルのフタを容器がわりに少量の水のりを出し、爪楊枝の先にとれば、適量を付けられます。

**⑧ ホッチキス**
下絵を切り絵用の紙に仮止めする時に使います。

## これがあるとさらに便利

**⑨ パーツ置き用容器**

細かなパーツが失くならないよう、びんのフタや小皿などの容器を専用の置き場所にします。内側が白っぽく、プラスチックなど柔らかい素材だと、パーツが見やすく、取り出す時にピンセットで挟みやすいでしょう。

**⑩ マスキングテープ、ペンタイプ強力のり**

下絵の仮止めには、前ページで紹介したホッチキスの他にもこちらが便利。またセロハンテープでも代用可能です。

**⑪ 軸が細いデザインナイフ**

写真の〈NTデザインナイフ DS-800P(軸最大直径6㎜)〉など細めの軸のナイフは、より細かい作業に適しています。切り絵づくりにも慣れ、細かい図案を切ることが多くなってきたら試してみましょう。

**⑫ スプレーのり**

細かく複雑な図案や大きな作品の場合は、スプレーのりを使って下絵の仮止めをします。貼ってはがせるタイプを選びましょう。また、できあがった作品を台紙などに貼り付ける時にも使えます。

**⑬ ビニールマット**

カッティングマットとしてお薦め。詳しくは右ページで説明しています。

# 使いやすさが違うこだわり道具

## 柔らかマット

左の写真⑬のマットは、伊勢型紙用のビニール下敷き。とても柔らかく、ナイフをなめらかに動かすことができるので、カラフル切り絵づくりにお薦めです。興味のある方はインターネットなどで探してみてください。

手で軽く曲げられる柔らかな素材です。

## そのまま使える水のり

色付けで大きなパーツを貼る場合、爪楊枝では急いで付けないと途中でのりが乾いてしまうことも。容器から直接のりを付けられると便利なのですが、たいていののりは、直接付けるには出る量が多過ぎます。さまざまなものを使ってみた結果お薦めできるのが、❻の〈レイメイ藤井 液体のり 2WAYタイプ AN154〉という水のり。細ぬり側のノズルだとうまくのり付けできます。可能なら、文具店などで探したり、取り寄せてみてください。

ごく細い先端から少量ずつ出せるので、直接塗るのにも適しています。

## 仮止め用ペンタイプのり

左ページ❿のペンタイプのり〈クレタケ おやっとのり／ボールタイプ〉は、乾く前はブルーの色をしていて、のりを付けた場所がわかりやすいのが特徴。乾けば透明になり、他の強力のりと同様に使えます。ただし、のりが出過ぎたり、接着力が強すぎて下絵に付いてしまうと取れなくなることもあるため、色付けの作業には向きません。

下絵の仮止め用として切り落とす部分に、点を打つように塗ります。

# 紙の選び方

切り絵の主役となる紙。ベースとなる切り絵用と色付け用、
それぞれに選ぶ際のポイントがあります。

## 切り絵用の紙

　切り絵には、基本的に黒い紙を使います。切りやすい薄さでかつ丈夫な紙が理想です。切りやすくても薄過ぎるとすぐに破れてしまいますし、丈夫でも硬くて切りづらいと切り口がきれいになりません。本書では、上質紙（厚口）をお薦めします。手に入りにくい場合は、カラーケント紙や画用紙でもかまいません。同じ種類でも厚みや黒の色合いが微妙に違うものがあるので、いろいろ試しながら自分に合った紙を見つけましょう。

　また、本書の型紙をコピーして下絵にする時はもちろん、自分でオリジナルの下絵を描く場合も、コピー用紙などの薄い紙を使いましょう。切り絵用の紙と重ねて切るので、厚いと切りにくくなります。

## 色付け用の紙

　カラフル切り絵の色付けには、主に和紙を使います。お薦めは、写真のようなカラフルな色和紙、中でもグラデーションのある和紙です。独特の濃淡のある色合いで、切り絵に立体感やステンドグラスのような雰囲気を加えてくれます。さらに、同じ紙でも使う部分によってまったく違う色合いになるのも、おもしろいところ。同じ図案でも２つとして同じ作品にはなりません。

　また、和紙は厚さや質感、繊維の入り方などが種類によってじつに多様です。たとえば同じ白のように見えても、紙の目の方向や凹凸、風合いや微妙な色味などそれぞれに違いがあるので、白い和紙だけでも、表情の違いを活かした味のある作品がつくれます。いろいろな和紙を試して、楽しんでください。

↑切り絵には黒の上質紙
（厚口）がお薦め。

→色和紙は染め方によって
多彩な表情があります。

## オススメの色和紙

グラデーションの美しさがカラフル切り絵の決め手。
単色なら表面に風合いのある紙がお薦めです。

### むら染め和紙

厚手の和紙を水で濡らしてから揉み、上から染料をたらして染めた紙。種類や色も豊富で、使う機会の多い紙です。花モチーフの切り絵でもおおいに活躍します。違う色のぼかしが入った花の表現にもぴったり。

### 板締め和紙

たたんだ紙を板の間に挟み、ひもで強く縛ってから染料に浸けて染めた紙。板の当たらない部分だけが染まり、独特のにじみ、ぼかしが現れます。切り絵用としては、同じようなグラデーションが取りやすい紙です。隣り合った花びらに使って、実際の花に近い色合いを表現することもできます。

### 雲龍紙

手でちぎったコウゾの長い繊維を漉き込んで、雲に乗った竜のような模様を表現した紙。コウゾの繊維が固まっている部分は硬いので、切る時に注意が必要です。

# デザインナイフの使い方

デザインナイフの使い方は切り絵づくりのいちばんのポイント。
なめらかなラインで美しく切るための基本を押さえておきましょう。

デザインナイフは、鉛筆を持つような感覚で自然に握り、とがった刃先で線を描くように切ります。

### 基本の持ち方

　デザインナイフは、鉛筆やペンと同じ持ち方をして使います。この時、刃先の向きは、鋭角にとがっている先端が向こう側、短い方が手前側になるようにします。もう一方の手で紙を押さえながら切り進めますが、刃の向かう先に手を置かないよう、くれぐれも注意しましょう。

ナイフを使うことに慣れてきたら、持っている指の中で軸を回しながら曲線を切るようにしてみましょう。

### 刃の動かし方

　横方向なら右利きの人の場合は左から右へ、縦は上から下へ向かって刃を動かせば、安定して切ることができます。初めのうちは、無理のない姿勢で切れるよう、紙の位置や方向を変えながら切り進めましょう。

　円を切る時も同様で、まずは紙を少しずつ回転させて切ってみましょう。ただし、この方法だと、切り口が少しカクカクとしてなめらかには切れないこともあります。慣れてきたら、ナイフの刃を回しながら、できるだけ刃を止めずに切るようにしてみてください。よりきれいな切り口に仕上がります。

### いつもベストな切れ味で

ナイフの扱いがどんなに上手でも、ナイフの切れ味が悪くては紙をきれいに切ることはできません。替え刃を用意しておき、切れ味の悪い刃はこまめに新しい刃先と取り替えることが基本です。

そのためには、刃先を時々チェックすることも大切です。ナイフの刃先が **A** のようにとがっている状態が正常で、**B** のように刃先が欠けていたら替え時です。また、時々刃先だけで紙のパーツなどを持ち上げてみましょう。刃先で軽く触れて、右の写真のように紙が持ち上がれば正常ですが、なかなか持ち上がらない場合は替え時です。

こうした不調がなくても、切れ味が落ちてきたと感じたらいつでも刃先を交換して、ベストな状態で使いましょう。

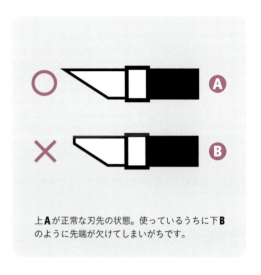

上**A**が正常な刃先の状態。使っているうちに下**B**のように先端が欠けてしまいがちです。

切れ味が落ちたらすぐに交換できるよう、替え刃は必ず用意しておきましょう。交換の際は、鋭い刃先で指を切らないようご注意を。

充分とがっている刃先なら、軽く触れるだけで小さなパーツが持ち上がります。

# きれいに切るために

ちょっとしたポイントを意識するだけで、
作品の仕上がりがぐんと違ってきます。

あと少しと思って引っぱって切り離すと、円の中のような状態に。

刃の先端はしっかり紙に切り込んでいても、手元に近い側は少し浮いてしまいます。

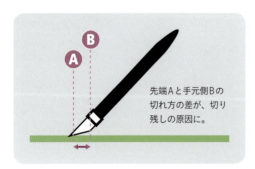

先端Aと手元側Bの切れ方の差が、切り残しの原因に。

## 決して「紙を引きちぎらない」

　繊細な切り絵という作業の中で「紙を引きちぎる」というと、たいていの人が「まさか」と思うでしょう。でも、じつは誰もが「うっかり」やってしまいがちなことなのです。切り取るべき紙のコーナーなどが、ほんの少しだけ切り離せずにつながった状態だと、つい「このくらいなら」と引っぱってしまいたくなるもの。ごく小さな部分ですから、引っぱって外しても、それほど目立たないように思えますが、こうして引きちぎられた跡があるだけで作品全体が雑に見えてしまいます。必ず最後までナイフで切り取るように心がけましょう。

## 「つい」引きちぎってしまう理由

　なぜ紙を引きちぎってしまうのかというと、それは「少しだけ」紙を切り残してしまうからです。もし切り残しがある程度の長さであれば、誰でも必ずナイフで切ろうとするでしょう。この「少しの切り残し」の多くは、角の部分など、ナイフの向きを変える場所で起こります。

　こうした部分で切り残しができてしまうのは、ナイフの刃先が斜めだからです。ナイフを動かしている時、上から見ると刃先は最後までしっかり切っているように見えます。が、実際は刃の手元に近い側は紙から浮いていることが多いのです。この状態でナイフを止めてしまうと、「ほんの少しだけの切り残し」ができてしまいます。

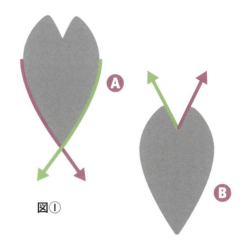

図①

## 切り残しを防ぐには

- **とがった角** 図①の **A** のような凸型の角を切り出す場合、紫のラインを矢印方向へ、下絵よりも先まで切り込みます。次に緑のラインも同様に、下絵より先まで切れば、角に切り残しができることはありません。
- **へこんだ角** 図①の **B** のような凹型の角は、角を起点にして切ります。まず紫のラインを矢印の方向へ切り、続けて緑のラインも。切り始めに刃先をしっかりと角に入れることができるので、切り残しが少なくなります。
- **切り終わり** また別の方法として、パーツの切り終わりで右のようにナイフの刃を 90 度程度に起こすというテクニックも有効です。刃を起こしてぎりぎりまで切り込むことで、切り残しを防ぐことができます。ナイフの扱いに慣れてきたら、試してみてください。

これら 3 つのテクニックをパーツの形や場所に応じて取り入れて、切りやすい方法で切り絵づくりを楽しみましょう。

切り終わりでこのように刃を起こすと、切り残しを防ぐことができます。

## 下絵とずれても大丈夫！

切り絵は下絵に沿って切るのが基本ですが、少しもずれずに切ろうとする必要はありません。下絵通りに切ろうとしてラインがガタガタになってしまうより、多少ずれても勢いのあるまっすぐなラインの方が、きれいな仕上がりになります。下絵を外せばすべて黒い紙なので、ずれた部分も見えません。下絵にこだわり過ぎず、力を抜いて切りましょう。

下絵の線とずれて切ってしまっても、下絵を外せばわかりません。

# 基本のモノクロ切り絵

順番どおりに進めれば、切り絵は決して難しくありません。
道具と紙を揃えて、さっそく切ってみましょう！
ブルーデイジー（53ページ）を例に、
基本となる1色の作品のつくり方を、実際の手順に沿ってご紹介します。

### 切り進め方のポイント

- 細かい部分、くり抜く部分、難しい部分から先に
- 並んだパーツはできるだけ端から順に
- 細長い線や大きなパーツなど、切ると弱くなる部分は後で
- 輪郭は最後に

**1** 型紙（122〜150ページ）をコピーまたはトレースして、下絵を用意します。

**2** 下絵を切り絵用の紙に重ねてホッチキスで固定します。この時、下絵全体が切り絵用の紙に収まるように気をつけましょう。

**3** 下絵に合わせて、切り絵用の紙を作業のしやすい大きさにカットします。

**4** ここでは4カ所をホッチキスで留めました。仮止めにはマスキングテープやセロハンテープ、ペンタイプのりなどを使っても良いでしょう。右ページで示した順に下絵と紙を一緒に切ってゆきます。

## 切る順番

a→sとアルファベット順に切り進めます。

5 まず、花の中心部分aを切り抜きます。

6 円は紙を少しずつ回転させながら切ります。慣れてきたら18ページで示したようにナイフの軸を回転させながら切ってみてください。

7 次に茎の先端のカールbを切ります。曲線や円は紙を動かして切るので、切り抜いた部分が少ないうちに作業しておく方が安心です。

8 切り取った部分は、刃先で軽く触れて外します。この後、小さな円cも切っておきます。

9 並んだ花びらを端からd〜lの順に切ります。

10 小さい花びらd〜gを先に、大きめのh〜lは後にするのがポイントです。

11 次に葉をm〜pの順に切り、花本体の切り抜き部分をすべて切り終えました。

12 続いて茎と葉の隙間q〜sを切ります。

13 Sのカールしたラインは、29ページの「ぐるぐる模様を切るには」を参考に。まず内側のカーブを先端に向かって切ります。

14 切り残しのないよう、先端は少し先まで刃を入れます。

15 本来なら次は内側カーブを反対方向に切りますが、内側を先に切ると細い線状の部分ができてちぎれやすくなるため、ここでは外側を先に切ります。

16 外側のカーブも先端は、14のナイフラインと交差するように長めに切ります。

**17** 内側カーブの13で刃を入れた位置に刃を入れ直し、反対向きに切り進めます。

**18** 小さな円の部分や葉など、それぞれ刃を入れ直して、切りやすい方向から切ります。大きなカーブは最後に。

**19** 輪郭以外がすべて切り抜けました。

**20** 輪郭も、小さい花びらから切ってゆきます。

**21** 花びらを切り終えたら、茎、葉へナイフを進めます。花首の反対側(点線部分)は、ここで切ってしまうと弱くなるため残しておきます。

**22** 最後に花首を切ります。細すぎてちぎれるのが心配な時は、写真のように下絵より少し外側を切ってもかまいません。

**23** 輪郭をすべて切り終えたら、切り残しをちぎらないよう、下絵ごとそっと外します。

**24** 切り残しがあったら、必ずナイフを使って切り直しましょう。引っ張るのは厳禁です。

**25** 下絵をそっと外したら、ブルーデイジーのできあがりです。

# 基本のカラフル切り絵

和紙を使って色付けすれば、同じ図案がぐんとはなやかに、
表情豊かに変化します。
下記のポイントを意識しながら、
カラフルな切り絵づくりに挑戦してみましょう。

### 切り進め方のポイント

- 最初は22ページ1〜4のモノクロ切り絵と同じ手順で
- 1カ所パーツを切り抜くごとに色を入れる
- モノクロ切り絵と同様に、細かい部分や難しい部分を先に

**1** モノクロ切り絵（22ページ1〜4）と同様に下絵を固定します。

**2** モノクロ切り絵と同様、最初に花の中心を切り抜きます。この場所には黄色の和紙を使うことにします。

**3** 切り抜いて外した楕円形のパーツを、色付け用の和紙の上に置きます。

**4** パーツよりひとまわり大きく切り取ります。

**5** 花の中心部分ができました。

**6** ペットボトルのフタに水のりを少量出しておき、爪楊枝の先に取ります。

## 思いどおりの色を使うには

むら染めの和紙は、同じ紙でもグラデーションの場所によってまったく違う色合いになります。あまり誤差なく思いどおりの色を切り取るには、以下の方法がお薦めです。

**a** 色を入れる場所を切り抜いたら、和紙の上に置き、切り絵を動かして好みのグラデーションを探します。

**b** 「ここだ」と思う場所が決まったら、切り抜いたパーツを一旦元の場所に戻します。ナイフの刃先を使うと便利です。

**c** パーツだけを残して切り絵の紙を外します。ナイフの刃先で留めたまま、切り絵の下から指を入れてパーツを押さえるとずれにくいでしょう。

**d** 決めた位置に指先でしっかり押さえたまま、切り絵を外します。

**e** パーツからそっと指を離して、ひとまわり大きく和紙を切り取ります。

**f** 思いどおりの色の花びらができました。

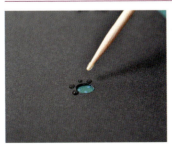

**7** 切り絵の紙を裏返し、切り抜いた中心部分のまわりに、爪楊枝を使って点状に付けてゆきます。

**8** 5でできた黄色のパーツを貼り付けます。裏から貼るので、表裏や向きを間違えないように注意しましょう。

**9** 花の中心の色付けができました。

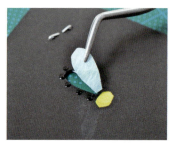

10 次は並んだ花びらを順番に色付けします。ステンドグラス風に透過させたい場合は、それぞれの和紙が隣の切り抜き部分にはみ出さないよう注意しましょう。

11 花びら1枚に色が入りました。色付けの場合は、配色を考えながら進めやすいよう、大きめの花びらから始めてもかまいません。

12 花びらすべてに色和紙が入りました。

13 裏から見るとこのようになっています。

14 続いて茎のカールした部分と飾りの円をそれぞれ切り抜いて色付けします。

15 葉も同様に進め、すべてのパーツに色が入りました。

16 葉の隙間、次に茎のカール部分の内側を切り抜きます。

17 輪郭にナイフを入れ、型紙ごと外してから、そっと型紙をはがします。

18 カラフルなブルーデイジーのできあがりです。

## のり付けのポイント

### のり付けのポイント

- のりを点状に置くことにより、和紙を貼る前にのりが乾燥してしまうのを防ぎやすくなります。
- のりの量に注意しましょう。多過ぎるとはみ出して下絵と切り絵の紙がくっついてしまいます。少な過ぎたり、切り口から離れた場所に付けてしまうと和紙がうまく貼れません。
- のり付け作業は迅速に。時間がかかるとのりが乾いてしまいます。

切り抜いた部分の周りに、ぐるりとのりを付けます。爪楊枝の先で「置く」ようにすると、写真のような点状に付けられます。

## ぐるぐる模様を切るには

曲線が変化しながら続くぐるぐる模様は、きれいに切るのが難しい図案のひとつ。でも、切る順番や向きを少し変えるだけで、ぐんと切りやすくなります。本書の作品にたくさん登場する曲線の装飾もぐるぐる模様の一種。右図を参考に切りましょう。

### ぐるぐる模様を切るポイント

- 角は切り残しのないようしっかりと切る
- 曲線は紙を回したり、ナイフの刃の向きを変えて切りやすい体勢で
- 刃を入れ直す時は、ナイフラインの継ぎ目に注意

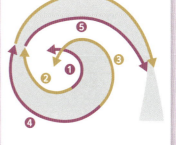

上の図は紫陽花のブーケ（46ページ）のこの部分に当たります。

# リバーシブルの切り絵

カラフル切り絵を両面から楽しめるリバーシブルにすれば、
88〜89ページのようなモビールにも応用できます。
少し注意が必要ですが、手順は基本のカラフル切り絵とほぼ同様。
光を通すといっそう映える和紙の色を満喫してください。

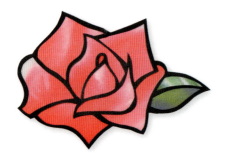

### 切り進め方のポイント

- 黒い紙を2枚一緒に切るため、ずれないように注意
- 重ねて切りづらい厚過ぎる紙は×
- パーツの切り方、貼り方、進める順序は、26〜28ページの基本のカラフル切り絵と同様
- 色を1カ所入れるたび、折り目を合わせてズレ防止

**1** 切り紙用の黒い紙を図案の倍の大きさにカットし、半分に折ります。

**2** 折り目はしっかりと付けてください。図案がはみ出さないか確認しておきましょう。

**3** 下絵の固定のため、ここではペンタイプのりを使っていますが、他の方法でもOK。テープなどを使う時は、黒い紙同士を貼り合わせてしまわないよう注意しましょう。

**4** 折った紙の表側に貼ります。

**5** 最初は中心の細かい部分から。ずれないように注意しながら下絵と2枚の黒い紙と一緒に切り抜きます。

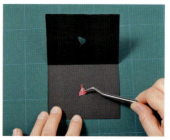

**6** 折った紙を開いて、下側の紙に和紙を貼ります。

*7* 1カ所ずつ切り抜いて、ピンセットで和紙を貼ってゆきます。花びら3枚ができました。

*8* 7を下絵の上から見たところ。1カ所進むごとに、毎回きっちりと折り目を合わせて、ずれないように注意します。

*9* 外側に向かって花びらを1枚ずつ貼ってゆきます。隣の切り抜き部分にはみ出さないよう、また隙間ができて色が欠けないよう慎重に。

*10* 花びらをすべて貼り終えました。

*11* 和紙を貼った側を表から見たところ。和紙のはみ出しや欠けもなく、きれいに貼れています。

*12* 葉のパーツに進みます。ここでは縞状ににじんだグラデーションを効果的に使ってみました。

*13* すべてのパーツに色が入りました。

*14* 和紙を貼った側の表面。このままでも目を引く作品になりそうです。

*15* 下絵側の半分と貼り合わせるため、二つ折りを一旦開きます。

31

**16** 色和紙にのりが付かないよう紙でカバーしながら、下絵側の裏面にスプレーのりをかけます。

**17** 両側の切り絵がずれないようきっちりと折り目を合わせて、再び二つ折りに。しっかりと貼り合わせてから、輪郭を切り抜きます。

**18** 下絵をそっと外して、リバーシブルのバラの完成です。

## モビールに応用する（上級編）

できあがったリバーシブル切り絵でモビールをつくってみましょう。細かい作業ですが、アレンジの楽しさが味わえます。

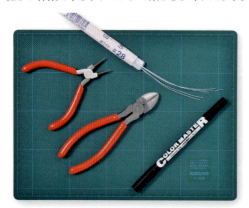

糸やチェーンを通すリングを付けるために必要な道具はこちら。フラワーワイヤー（テープが巻いてあるもの）、ニッパーかペンチ、黒のフェルトペン、あれば丸ペンチ（ビーズ制作などに使われるもの）を用意します。

**1** フラワーワイヤーを4cmほど切り、巻いてあるテープをフェルトペンで黒く塗ります。

**2** 半分に曲げ、あればラジオペンチ、なければ爪楊枝やボールペンの芯など、細い円筒状のものに巻きつけます。

3 3回ほどしっかりとねじります。

4 モビール用のリングができました。ねじった部分は7で差し込む部分に隠れる長さに切り落としておきましょう。

5 リバーシブル切り絵の糸を付けたい場所を決め、ナイフの先で貼り合わせた紙をそっと開きます。差し込む位置は、黒い紙が多い部分を選びましょう。

6 爪楊枝の先にのりを取り、開いた場所の内側に塗ります。黒い紙だけにのりが付き、和紙部分にはみ出さないよう注意。

7 のりの付いた場所にワイヤーを差し入れます。ねじった部分が黒い切り絵の下に隠れるよう気をつけてください。

8 のりが乾いてワイヤーが固定されたらできあがり。

2カ所にリングを付ければ、アレンジも広がります。

# 図案の選び方

　本書では、比較的シンプルなシルエットの動物から、たくさんの花にリボンを組み合わせたリースやブーケまで、複雑さも難易度もさまざまな作品をご紹介しています。初めてカラフル切り絵にトライする人、手応えのある作品に挑戦したい人、それぞれ自分に合った難易度で切り絵づくりが楽しめるよう、各型紙に目安となるマークを添えました。★の数が多いほど難易度が高くなります。図案選びの参考にしてください。

2. 水仙
★
★★

★1つから4つまでのランクがあります。

複雑で繊細な曲線の多い図案は、やや難易度が上がりますが、完成した時の喜びもひとしおです。

シルエットを活かした図案は、和紙のはみ出しなどの失敗も少なく、ビギナーにもお薦めです。

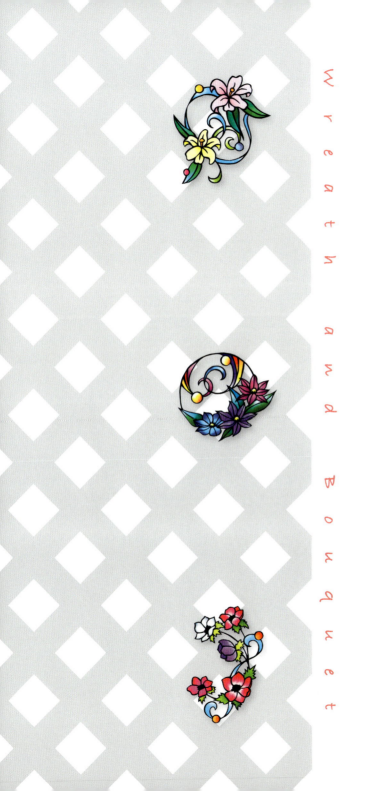

Wreath and Bouquet

# 12カ月の
# リースとブーケ

色とりどり、さまざまな表情で美しさを誇る花たちは、なによりカラフル切り絵にふさわしいモチーフ。そんな季節の花々を12カ月分、あでやかなリースやブーケに仕立てました。さらに組み合わせてアレンジが楽しめる1輪の小さな作品と、月の名前も添えてお届けします。

# 1月の水仙

1. January
型紙は122ページ

冬の庭にいち早く咲く清楚な姿を、真っ白でも黄色でもない、和紙ならではの微妙な色合いで表現しました。葉の先は、下絵にとらわれず、スッとのびやかなラインで。また英語の月名は、文字のつながりを意識して流れるような線をイメージして切るのがポイントです。
【スイセン *Narcissus*】英名の由来は、高慢の報いを受け、水面に映る自身に叶わぬ恋をしてしまったギリシャ神話の美少年ナルキッソスから。うつむきかげんに咲く姿が例えられました。花言葉は「自己愛」。1月は3日、4日、13日の誕生花です。

2. 水仙
型紙は122ページ

3. 水仙のブーケ
型紙は122ページ

自然で透明感のある和紙の色は、まるでみずみずしい花色そのもの。鮮やかな配色で、心地よいハーモニーを奏でます。

# 2月のクロッカス

4. February
型紙は122ページ

5. クロッカス
型紙は123ページ

6. クロッカスのリース
型紙は123ページ

淡い陽射しを受けて花開くクロッカスは、まさに春の予告。グラデーションの濃淡を使って、花びらの丸み、カップ型の花の形を表現してみましょう。
【クロッカス *Crocus*】サフランと同じ仲間。糸のように細い雌しべから、ギリシャ語の「糸」にちなんで名付けられました。花言葉は「信頼」「青春の喜び」。またギリシャ神話の悲恋譚から「愛の後悔」とも。2月は6日、24日の誕生花。

3月のカメリア

7. カメリアのリース
型紙は124ページ

8. March
型紙は123ページ

9. カメリア
型紙は124ページ

びっしり並んだ特徴的な雄しべは、端から順に切りましょう。葉のツヤと厚みが感じられるよう、パーツごとにややコントラストの強い配色にしています。

【カメリア（椿）Camellia】カメリアは椿のこと。椿姫で知られるように西欧でも人気の花です。花言葉は謙譲、控えめな愛（赤）など。誕生花としては1、2月のものですがこの時期開花する花木の代表です。

# 4月の桜

11. **April**
型紙は125ページ

アクセントカラーとして花色と対照的なブルーや赤を添えて、淡いピンクを引き立てるのもポイントです。
【サクラ *Cherry Blossom*】桜の代名詞ソメイヨシノは江戸末期以降に人工的につくり出された品種。すべて接ぎ木などによるクローンのため、同時期に開花します。花言葉は「精神美」「優美な女性」「純潔」など。

淡いピンクならソメイヨシノ。1、2輪を濃いピンクで色付けすると、花ごとに濃淡のある河津桜風に。

12. **桜**
型紙は124ページ

# 5月のアネモネ

13. **May**
型紙は126ページ

花びらのグラデーションのイメージが強いアネモネは、カラフル切り絵にぴったりのモチーフ。やはりピンクがかった赤が印象的。羽根飾りのような形の葉は引きちぎらないよう、丁寧に切りましょう。
【アネモネ *Anemone*】ギリシャ語の「風」を意味するアネモネの名は、種が風に運ばれることから。花言葉は「はかない恋」「薄れゆく希望」「君を愛す（赤）」「真実（白）」など。

14. **アネモネ**
型紙は126ページ

15. アネモネのリース
型紙は126ページ

16. 紫陽花のブーケ
型紙は127ページ

# 6月の紫陽花

### 17. June
型紙は130ページ

たくさんの花（ガク）が集まった形は、リボンを添えるだけで立派なブーケ。ピンク系や白など、アジサイらしい色の変化を楽しんでつくりましょう。四角いイメージを強調すれば、ガク1つだけでも紫陽花らしい作品になります。
【アジサイ *Hydrangea*】花色が時間と共に変化することから「移り気」の花言葉で知られます。他に「冷淡」「はにかみ」なども。6月3日の誕生花。

### 18. 紫陽花
型紙は127ページ

# 7月の百合

**19. July**
型紙は130ページ

花びらの優美さを際立たせるため、あえて雄しべは省略しています。葉と花びらのとがった先端は、しっかりと刃を入れてください。
**【ユリ Lily】** キリスト教では白いユリが純潔を意味し、聖母マリアの象徴とされています。花言葉は白が「純潔」「威厳」、オレンジが「華麗」「愉快」、淡いピンクのササユリには「上品」「清浄」など。7月13日、14日、24日などの誕生花。

**20. 百合**
型紙は128ページ

21. **百合のリース**
型紙は128ページ

# 8月の朝顔

24. August
型紙は130ページ

和紙での表現にうってつけの和花。しなやかに伸びるツルをリボンに見立て、かわいいリースに。細いツルは、無理せず下絵より太めに切ってもかまいません。
【アサガオ *Morning Glory*】遣唐使が持ち帰った種が根付き、江戸時代に大ブームが起きました。花言葉は、朝咲いて昼にしぼむことから「はかない恋」、ツルの絡む様子から「固い絆」など。8月1日、6日の誕生花。

23. 朝顔
型紙は129ページ

9月のブルーデイジー

25. September
型紙は130ページ

花びらは、並んだ順に1枚ずつつくります。目の覚めるような清楚なブルーの他、白やピンクにしても素敵。細い茎を切り落とさないよう気をつけましょう。
【ブルーデイジー *Blue Daisy*】春と秋に咲くキク科の花で、別名は瑠璃雛菊（ルリヒナギク）。花言葉は学名の語源 felix が意味する「恵まれている」や「幸福」など。

28. クレマチスのリース
型紙は132ページ

# 10月のクレマチス

### 29. October
型紙は135ページ

### 30. クレマチス
型紙は132ページ

たくさんの品種の中でも、まず思い浮かぶのはこの形。くるんと巻いたツルを図案化しました。細いラインは慎重に、雄しべのギザギザラインもしっかりと切りましょう。

**クレマチス *Clematis*** 鉄仙（テッセン）とも呼ばれますが、じつはテッセンは多数ある原種のひとつ。品種ごとに春から秋にわたって開花します。花言葉は「精神の美しさ」「旅人の喜び」「たくらみ」など。

11月のビオラ

### 31. November
型紙は135ページ

ビオラは小ぶりなパンジーのこと。型紙の拡大縮小でどちらにもできます。紫と黄色が代表的ですが、多彩な花色を楽しんでください。
【ビオラ／パンジー Viola/Pansy】人の顔に似た模様と思索にふけるようにうつむく様子から、フランス語の思想（パンセ）にちなんだパンジーという名に。花言葉は「もの思い」。ビオラは「誠実」「信頼」など。

### 32. ビオラ
型紙は133ページ

*33.* **ビオラのリース**
型紙は133ページ

Wreath and Bouquet

お店で買うデコレーションも良いけれど、和紙の深く柔らかな発色で彩るクリスマスは、ひときわ暖かく感じます。

# 12月のポインセチア

**35.** December
型紙は135ページ

**34.** ポインセチアの
リース
型紙は134ページ

**36.** ポインセチア
型紙は134ページ

自由な色付けがカラフル切り絵の醍醐味ですが、やはりこの花に限ってはクリスマスカラーでつくりたいもの。存在感のある花なので、1輪だけでも充分、季節感を演出できます。
【ポインセチア *Poinsettia*】花びらに見えるものは苞（ほう）という葉の一部。名前は原産地メキシコの初代大使ポインセット氏にちなみます。花言葉は「祝福」「純潔」など。12月9日、22日、25日の誕生花。

繊細な色と色が絡み合い、響き合い、まるで一幅のアートのよう。著者の教室の生徒さんたちの作品による豪華なコンポジションです。

## 組み合わせで広がる
## カラフル切り絵の楽しみ方

つくってみると、自分でもうっとりするほど繊細で彩り豊かなカラフル切り絵。1点だけでも充分な存在感がありますが、2つ3つと作品を組み合わせると、さらにはなやかなハーモニーが生まれます。そんなアレンジを楽しんでいただきたくて、本書35〜60ページの『12カ月のリースとブーケ』では、リースやブーケに加えて1輪の作品と月の名前を、月ごとの花で揃えたセットにしています。もちろん、違う月や動物モチーフなど、どんな組み合わせも思いのまま。上の写真のようにたくさんの作品を組み合わせた、アート作品のようなアレンジも素敵です。

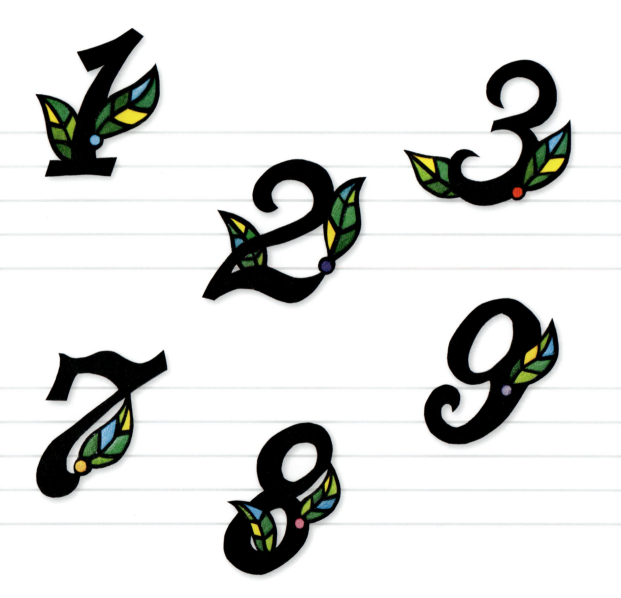

### 37.~48. 12カ月の数字

小さな木の葉をあしらった12カ月分の数字です。月の数字に限らず、年齢や◯周年など使い方はアイデア次第！ 手づくりのカレンダーをはじめ、バースデーカードやパーティーのウェルカムボードなど、季節の花やお気に入りの動物の作品と組み合わせて飾ってみてください。

型紙は136～137ページ

1から12の数字を丸く並べれば、時計に！　ムーブメントを付ければ、実際に時計としても使えます。

## やさしい シルエット 切り絵

silhouette

細い線やパーツの数も少なく、ビギナーにもお薦めのシルエット切り絵は、黒い紙を多く残す分、いっそう和紙の色が印象的。カラフルな草花との組み合わせで、小さな動物たちも生き生きとして見えます。

秋色の葉でメランコリーに、カラーの花でおしとやかに。顔を描かないシルエット切り絵だからこそ、1輪の花や1枚の葉を添えるだけで、表情豊かに語り出します。

## 49. リスとドングリ

秋の森で忙しくごちそうを集める子リスをイメージしました。帽子（殻斗：かくと）の部分も微妙に色を変えた和紙を使うと、ドングリらしい丸みが出ます。

型紙は138ページ

## 50. アヒルと木の葉

鮮やかな黄色いくちばしがトレードマーク。リボンと木の葉はいろいろな配色で、違った表情や季節感を演出できます。

型紙は138ページ

## 51. ネズミと蕾

ふっくらボディがチャームポイントのネズミ。シッポで抱えたスイートピーは、淡いピンクやパープルでもステキです。

型紙は138ページ

ステンドグラスのような効果が楽しいカラフル切り絵ですが、とりわけシルエット切り絵は、光を通すとハッとするほど表情が変わります。食いしん坊リスのドングリもツヤツヤと輝くような色に。

Silhouette

フルーツはまるで宝石、シッポも楽しげに揺れているかのよう！ ヒゲと耳だけで表現した子猫が、陽射しを受けると動き出しそうな表情に変わります。

### 53. 子猫とフルーツ

ふたつのフルーツは、オヤツではなくきっとオモチャ。和紙のグラデーションを活かすと丸い実の形にぐんと立体感が出ます。

型紙は139ページ

### 52. タツノオトシゴとカラー

流れるような曲線のカラーの花。タツノオトシゴの独特のボディラインに、不思議なほど似合うと思いませんか？

型紙は139ページ

### 54. チワワと洋梨

耳と頭の特徴的なライン、首元とシッポの毛並みを表現すれば、シルエットだけでチワワとわかります。小さくても元気いっぱい、そして食欲も旺盛なようですね。

型紙は139ページ

### 55. コブタと チューリップ

春風の匂いを楽しんでいるような、誰かを待っているようなコブタくん。小さなチューリップで春を演出します。

型紙は139ページ

### 56. 小鳥とクローバー

本書の中で最もシンプルな図案。花の作品とも組み合わせやすい、つくりやすくて使えるモチーフです。葉っぱは、同じ緑でも1枚ずつ別々に色を入れることで、生き生きと見えます。

型紙は140ページ

### 57. ペンギンと メープルリーフ

56のクローバーと同様、メープルリーフは左右別々に、同じ和紙でも違う部分からパーツを取りましょう。

型紙は140ページ

# はなやかな動物たち

海の王者に庭先の住民、そして生活のパートナーも。個性豊かな動物たちに草花や果物を添えて、カラフルに彩りました。思い思いのイメージで色付けして、動物たちをドレスアップさせてください。

Gorgeous Animals

## 58. クジラ

深いブルーの濃淡が海の色を映しているよう。お腹は真っ白ではなくキナリ系の色にすると潮吹きのしぶきの白さが際立ちます。しぶきを切り落とさないようご用心！

型紙は140ページ

### 59. フラミンゴ

美しい羽色にモンステラの葉をあしらったおしゃれフラミンゴです。目は、貼る位置に爪楊枝でのりを置き、目のパーツをナイフの刃先で待ち上げて、そっと置きます。

型紙は141ページ

Gorgeous Animals

### 60. キウイ

**地味さがむしろたまらない魅力の飛べない鳥、キウイ。きれいな草の模様でドレスアップしましょう。つぶらな瞳はフラミンゴ同様に、ナイフの刃先でそっと貼り付けます。**

型紙は141ページ

## 61. カタツムリ

自慢の家に花を飾って満足げなカタツムリ。殻と花の大胆な配色を楽しんでつくりましょう。触覚は、下絵にこだわらずちぎれない程度の太さで切ってください。

型紙は141ページ

植物との組み合わせで、配色の楽しさも広がります。特にネコやカタツムリなど、ひと目でわかる動物は、実際の色とは違う大胆な色づかいにトライしてみてください。

## 62. ヒツジ

モコモコのコートを木の葉で飾りました。葉の色はグリーンだけでなく、赤や黄色でアクセントを入れるのがポイント。

型紙は140ページ

## 63. バク

白と黒のツートーンカラーがチャームポイントのマレーバク。白い部分には粒（コウゾの皮など）の入った紙を使い、ニュアンスを出しています。

型紙は142ページ

Gorgeous Animals

## 64. ネコ

花と葉っぱでゴージャスに着飾ったおすましネコ。一見してネコとわかるモチーフだからこそ、イメージのままに思いきり自由な配色を楽しみましょう。

型紙は142ページ

How to enjoy

## 毎日がちょっとはなやぐ
## くらしのアイデア

自分の手で美しいモノをつくり出すこと、それ自体が心躍ることですが、できあがってからの楽しみも同じくらい大きなもの。がんばって仕上げたカラフル切り絵で、こんな風に暮らしを彩るのはいかがでしょう？

## 窓辺を花園に

光を通すとステンドグラスのように輝く和紙の色を楽しむ最高の方法。窓いっぱいにちりばめると、まるで満開の花園です。貼り付ける時は、極細の両面テープ（はがせるタイプ）を5mm〜1cm程度に切り、黒い切り絵部分の裏に数ヵ所付けると留めやすく、また作品を傷めにくいでしょう。

上段左から

15. アネモネのリース
作品は45ページ、型紙は126ページ

12. 桜
作品は43ページ、型紙は124ページ

16. 紫陽花のブーケ
作品は46ページ、型紙は127ページ

7. カメリアのリース
作品は41ページ、型紙は124ページ

21. 百合のリース
作品は49ページ、型紙は128ページ

6. クロッカスのリース
作品は40ページ、型紙は123ページ

2. 水仙
作品は36ページ、型紙は122ページ

下段左から

27. ブルーデイジーのブーケ
作品は53ページ、型紙は131ページ

28. クレマチスのリース
作品は54ページ、型紙は132ページ

79. チューリップのリース
作品は106ページ、型紙は148ページ

36. ポインセチア
作品は60ページ、型紙は134ページ

22. 朝顔のリース
作品は50ページ、型紙は129ページ

33. ビオラのリース
作品は57ページ、型紙は133ページ

## すりガラス風のフレーム

裏表とも透明なフローティングフレームもお薦めですが、トレーシングペーパーを挟むと、こんな風にすりガラス風のソフトな透過光に。普通のフォトフレームの裏板を抜き、厚口トレーシングペーパーを当てるだけでも楽しめます。

59. フラミンゴ
作品は75ページ
型紙は141ページ

## 切り絵の
## 手づくりカレンダー

12カ月の花と月の名前や数字を、フレームやボードに配置すれば、オリジナルのカレンダーになります。カレンダー部分は手描きにしたり、また既製品を切り取ってコラージュのように配置しても。

1. January
   作品は36ページ、型紙は122ページ

3. 水仙のブーケ
   作品は37ページ、型紙は122ページ

## 小さな薔薇の
## ギャラリー

名花の切り絵が揃ったら、とっておきの額に入れて飾りましょう。花名も添えれば、そのままボタニカルアートに。お部屋の一隅に小さなギャラリーが誕生します。

69. グラハム・トーマス
    作品は97ページ、型紙は144ページ

67. ピエール・ド・ロンサール
    作品は94ページ、型紙は144ページ

68. コクテイル
    作品は96ページ、型紙は144ページ

## コレクションの愉しみ

増えてきた作品は、コレクション気分でこんな窓付きのCDケースに保管してはいかがでしょう？ そのままデスクに立てかければ、手軽なディスプレイにもなります。

58. **クジラ**
    作品は74ページ、型紙は140ページ

61. **カタツムリ**
    作品は77ページ、型紙は141ページ

## 贈る気持ちに添えて

がんばって仕上げた作品を手放すのは惜しいけれど、大切な人へのギフトに添えれば、格別な一品に。ラッピングにそのまま留めると傷みそうな場合は、メッセージカードに貼って同封しましょう。

78. **ビューティー・オブ・アペルドーン**
    作品は105ページ、型紙は147ページ

80. **チューリップ**
    作品は107ページ、型紙は147ページ

77. **ハミルトン**
    作品は105ページ、型紙は147ページ

## 紙の ジュエリーのように

添えるのではなく作品そのものを贈るなら、きちんと箱に入れてジュエリー風にラッピングすると素敵です。鳥のモチーフには巣材のようなパッキンを、名花には名前を添えてもおしゃれ。本当のジュエリーを「付録」として入れるのもアイデアですね。

60. キウイ
作品は76ページ、型紙は141ページ

74. イル・ド・フランス
作品は102ページ、型紙は146ページ

75. クイーン・オブ・ナイト
作品は103ページ、型紙は146ページ

73. ホワイト・ドリーム
作品は102ページ、型紙は145ページ

表も裏もゴージャスなバラのブーケ。ちょっとした空気のゆらぎで揺れるモビールにすると、繊細な色合いがいっそう引き立ちます。

## モビールで花色がさらに美しく

裏表とも切り絵になったリバーシブルの作品は、ぜひモビールとして飾りましょう。動きに連れて変化する和紙の色が、また新しい美しさを見せてくれます。つくり方は 30〜33 ページ参照。

**65. バラのブーケ**
型紙は143ページ

**66. バラ**
型紙は143ページ

糸やチェーンを通すリングを2カ所に付ければ、いくつもつないでガーラントにもできます。

## はなやぎのテーブルに

植物素材だからか、和紙の色はテーブルの上でも違和感がありません。気のおけない友人とのアフタヌーンティーからウェディングパーティーまで、カラフル切り絵のさりげない演出が大事なひとときを彩ってくれます。

62. ヒツジ
 作品は79ページ、型紙は140ページ

60. キウイ
 作品は76ページ、型紙は141ページ

52. タツノオトシゴとカラー
 作品は71ページ、型紙は139ページ

14. アネモネ
 作品は44ページ、型紙は126ページ

32. ビオラ
 作品は56ページ、型紙は133ページ

## おもてなしの
## デコレーション

カラフル切り絵のハッと目を引く美しさは、ウェルカムボードやクリスマスリースなど、ポーチまわりにもぴったり。手づくりの温もりでお客様を迎える、おもてなしの演出です。

81. 母に贈るブーケ
    作品は108ページ、型紙は149ページ

34. ポインセチアのリース
35. December
36. ポインセチア
    作品は60ページ
    型紙は134〜135ページ

*Gardener's Favourite*

# ガーデナーの
# お気に入り

古今東西、私たちの心をとらえてきたバラたちのオーラ、そしてチューリップの豊かなバリエーション。ロザリアン（バラ愛好家）やチューリップマニアでなくても、ガーデニング好きなら一度は咲かせてみたい。そんな特別な花たちを切り絵に封じ込めました。

## Pierre de Ronsard

### 67. ピエール・ド・ロンサール

中心に向かって濃くなるピンク色の、ロマンティックでクラシカルな趣にうっとり。1988年にフランスでつくられ、16世紀フランスの詩人から名付けられました。2006年にバラの殿堂入り。世界で最も愛されるバラのひとつです。

型紙は144ページ

憧れの品種も今年の新種も、夢のブルー・ローズでも、和紙の色合いを活かせば思いのまま。紙とナイフでローズ・ガーデンをつくりましょう。

Cocktail

### 68. コクテイル

ピンクや赤に白や黄色が混ざり合う花色が、その名の通りカクテルのよう。花屋さんのバラとは違う花に見えますが、バラの原種はこんな風に一重のつるバラといわれます。2015年、世界バラ会議で殿堂入りしました。

型紙は144ページ

Graham Thomas

### 69. グラハム・トーマス

濃厚なカスタードのように深くリッチなイエローを色和紙の微妙な濃淡で表現しました。古典バラの気品を継承するイングリッシュ・ローズ、その生みの親デビッド・オースチン氏の代表作とされる名花です。2009年バラ殿堂入り。

型紙は144ページ

Ingrid Bergman

### 70. イングリッド・バーグマン

バラといえばこの色、この形を思い浮かべる人も多いのではないでしょうか？ 大女優の名にふさわしいオーラを備えた、最上級の赤バラです。深く輝くような緋赤を、色和紙で再現してみてください。1997年にバラ殿堂入り。

型紙は145ページ

Sophy's Rose

### 71. ソフィーズ・ローズ

開花につれて赤から濃いピンクへと変わるという花色。そのマゼンダ色がなんともチャーミングな品種です。こちらもデビッド・オースチン氏によるイングリッシュ・ローズ。丸みのあるクラシカルな表情も魅力です。

型紙は145ページ

色も風合いも自然な和紙だから、まるで本物のようにみずみずしく、時にはそれ以上に美しい花ができあがることも。やわらかなグラデーションをふんだんに活かした1輪は、花びらや葉の手ざわりまで感じられるようです。

Burgundy Iceberg

## 72. バーガンディー・アイスバーグ

アイスバーグという白バラの名花からつくられたバーガンディー色のバラです。実際にはもう少し赤みが強く、名前の通りワイン色ですが、色和紙ではミステリアスなパープル系にしてみました。白のアイスバーグは1983年殿堂入り。

型紙は146ページ

## White Dream

### 73. ホワイト・ドリーム

淡いグリーンから白へのグラデーションに心も洗われるよう。端正な一重咲きの、チューリップらしい形です。

型紙は145ページ

## Ile de France

### 74. イル・ド・フランス

チューリップといえば誰もが思い浮かべるのがこの色と形。色を変えて、さまざまな品種をつくってみてください。

型紙は146ページ

Queen of the Night

Ballerina

75. **クイーン・
オブ・ナイト**

**黒みがかった紫色のシックな品種。
チョコレート色ともいわれますが、深
いパープルでよりエレガントな1輪に。**

型紙は146ページ

76. **バレリーナ**

**古代のチューリップはこんな形だった
とか。先のとがった花びらが特徴の、
ユリ咲き系というタイプです。**

型紙は147ページ

可憐な姿で愛好家の心を奪い、17世紀のオランダにバブル経済を起こした花としても知られるチューリップ。オランダでは今も日々、新品種がつくり出されています。

Hamilton

Beauty of Apeldoorn

77. **ハミルトン**

花びらがフリンジで縁どられたようなおしゃれなチューリップ。濃厚な黄色が美しい人気の品種です。

型紙は147ページ

78. **ビューティー・オブ・アペルドーン**

真っ赤なアペルドーンという品種から生まれたオレンジ色のチューリップ。大ぶりな花を元気いっぱい咲かせます。

型紙は147ページ

Gardener's Favourite

## 79. チューリップのリース

4輪連ねた贅沢なチューリップのリース。4色の花色は、同系色や淡色同士でまとめてもエレガントです。

型紙は148ページ

### 80. チューリップ

**1輪差しのようなイメージで、チューリップの可憐さを引き立てました。青と黄のアクセントカラーが隠し味。**

型紙は147ページ

# Bouquet of Thanks
## ありがとうのブーケ

カラフル切り絵を家族や友人、大切な人へ贈れるように、花束の図案をご用意しました。花とリボン、それにかわいい脇役を組み合わせて、ぐんとはなやかにアレンジしたブーケです。

### 81. 母に贈るブーケ

カーネーションを中心に、蝶やリンゴをゴージャスに盛り合わせました。贈る相手の好みやイメージに合わせて、花やリボンの配色をアレンジしましょう。

型紙は149ページ

82. 父に贈るブーケ

シクラメンとバラの思いがけない組み合わせが美しく調和するのは、切り絵だからこそ。言葉では照れてしまう感謝を小鳥に伝えてもらいましょう。

型紙は150ページ

# 思いのままに
# 彩る楽しみ

同じ図案でも、人によってまるで違う作品にできあがる、自分の感性で自由に色付けできる、それがカラフル切り絵の醍醐味。微妙なグラデーションでその花らしい色づかいを満喫したら、次は好みのままにオリジナルカラーの花をつくってみましょう。無限に広がる配色のバリエーションで、思いのままに彩る楽しさを実感してみてください。

27. **ブルーデイジーのブーケ**
作品は53ページ
型紙は131ページ

色だけでなく図案の大きさも、拡大縮小コピーすることで自由に変えられます。ちなみに、小さくすると細かい作業が増えるので、むしろ難易度が上がる場合もあります。

このページに掲載されている作品は、著者の教室の生徒さんたちによるもの。同じ図案でも、まるで違う花のように表情が変わります。

**33. ビオラのリース**
作品は57ページ
型紙は133ページ

## すぐに使える
## 試し紙

**グラデーションカラーの和紙柄 4色
+
切り絵用 黒紙 2枚**

好きなモチーフが見つかったら、さっそく自分でもカラフル切り絵にトライしてみませんか？　右は実物の和紙と同じグラデーションカラーの試し紙。その次には切り絵に使える黒い紙が付属しています。まずは黒い紙を切り抜いて、和紙柄に当ててみましょう。そこからのぞく色合いは、位置を少し動かすだけで多彩に変化します。この色選びの楽しさこそがカラフル切り絵のエッセンス。ぜひ試してみてください！

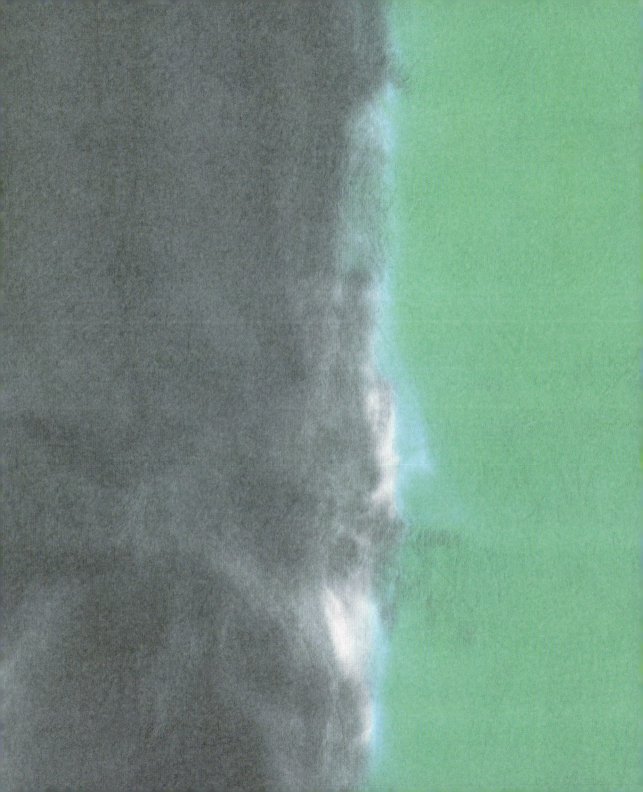

# コピーして使える 花を楽しむ カラフル切り絵 型紙集

- コピーしてそのまま下絵として使えます。
- すべて原寸大なので、本書の掲載作品と同じサイズの切り絵をつくることができます*。
- 拡大／縮小コピーで好みの大きさにしても楽しめます。

＊各ページの作品写真は原寸大ではありません。

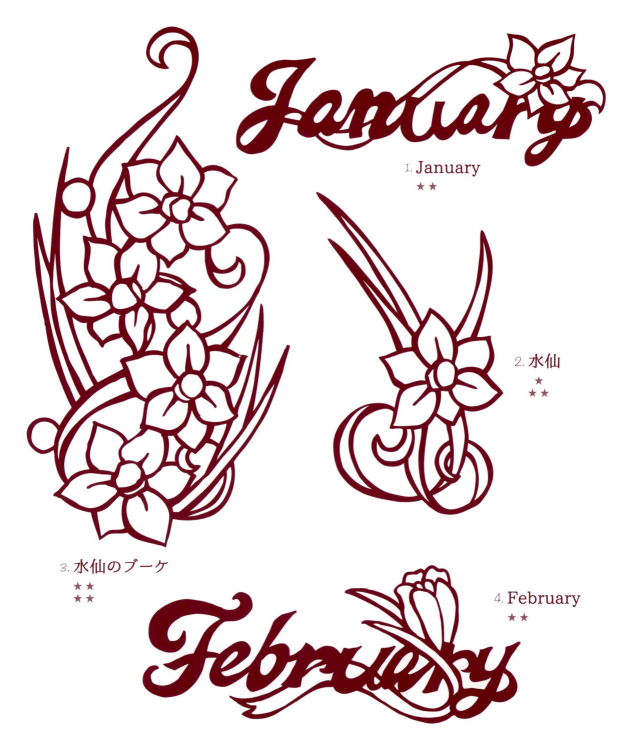

10. 桜のリース
★★

11. April
★★

15. アネモネのリース
★★

14. アネモネ
★★

13. May
★★

16. 紫陽花のブーケ
★★
★★

18. 紫陽花
★★

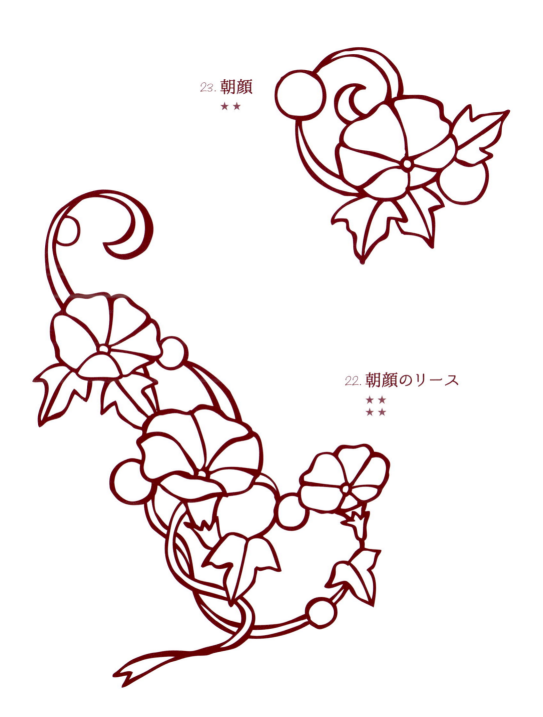

23. 朝顔
★★

22. 朝顔のリース
★★
★★

17. June
★

19. July
★★

24. August
★★

25. September
★★

26. ブルーデイジー
★★

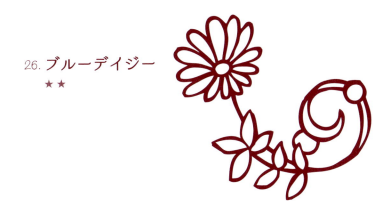

27. ブルーデイジーのブーケ
★★
★★

29. October
★ ★

31. November
★ ★

35. December
★ ★

37〜48. **12カ月の数字**

*

*

**

**

**

**

49. リスとドングリ
★

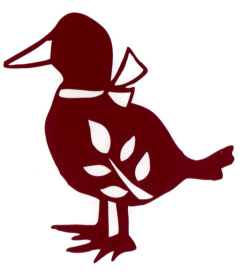

50. アヒルと木の葉
★

51. ネズミと蕾
★

53. 子猫とフルーツ
★

52. タツノオトシゴとカラー
★

54. チワワと洋梨
★

55. コブタとチューリップ
★

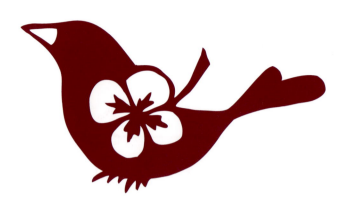

56. 小鳥とクローバー
★

57. ペンギンと
メープルリーフ
★

58. クジラ
★★

62. ヒツジ
★★

63. バク
★
★★

64. ネコ
★
★★

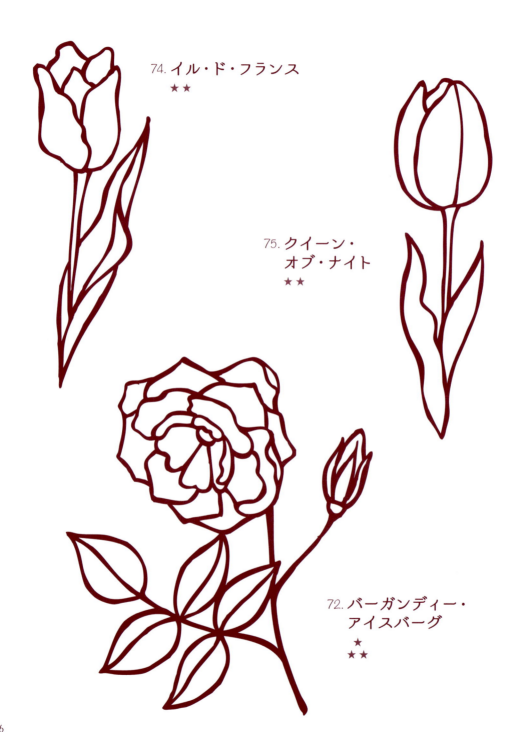

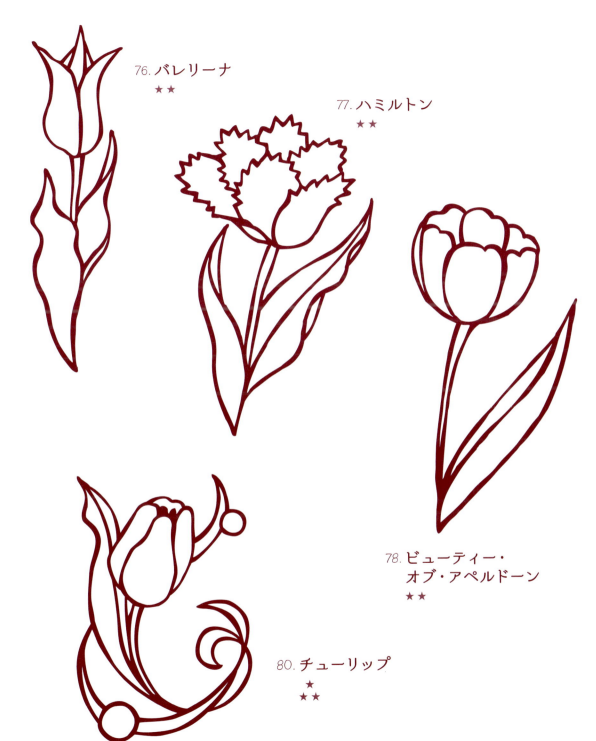

79. チューリップのリース
★★
★★

81. 母に贈るブーケ
★★
★★

82. 父に贈るブーケ
★★
★★

### ゆまあひmaki

切り絵作家、イラストレーター。切り絵教室「アトリエゆまあひ」主宰。黒い紙をカットし、後ろから和紙を貼る手法で作品を制作。ステンドグラスの透明感と和紙の温かさ、自然な風合いを大切にして、どこか不思議で懐かしい世界観を生み出している。雑誌やステーショナリーグッズなど多岐にわたって活躍中。著書に『はじめてのカラフル切り絵』(誠文堂新光社、2015年)。
http://yumaahi.com/

＊ 61ページ、110～111ページの作品は、下記の方々よりお借りしました(敬称略)。
川元 奈美／岸 紀瑚／友廣 和代／高木 照子／田辺 佐和／山田 ゆかり

Staff
編集　　　　山喜多佐知子（ミロプレス）
撮影　　　　武井哲史
装丁・デザイン　大木美和　西島あすか　前田眞吉（em-en design）

12カ月を彩る草花＆動物モチーフ
# 花を楽しむカラフル切り絵　NDC754.9

2016年6月10日　発　行

著　者　　ゆまあひmaki
発行者　　小川雄一
発行所　　株式会社 誠文堂新光社
　　　　　〒113-0033　東京都文京区本郷3-3-11
　　　　　（編集）電話 03-5805-7765
　　　　　（販売）電話 03-5800-5780
　　　　　http://www.seibundo-shinkosha.net/
印刷所　　株式会社 大熊整美堂
製本所　　和光堂 株式会社

©2016, Maki Yumaahi.
Printed in Japan

検印省略
禁・無断転載

落丁・乱丁本はお取り替え致します。

本書に掲載された記事の著作権は著者に帰属します。これらを無断で使用し、展示・販売・レンタル・講習会などを行うことを禁じます。

本書のコピー、スキャン、デジタル化等の無断複製は、著作権法上での例外を除き、禁じられています。本書を代行業者等の第三者に依頼してスキャンやデジタル化することは、たとえ個人や家庭内での利用であっても著作権法上認められません。

Ⓡ〈日本複製権センター委託出版物〉
本書を無断で複写複製（コピー）することは、著作権法上での例外を除き、禁じられています。本書をコピーされる場合は、事前に日本複製権センター（JRRC）の許諾を受けてください。
JRRC〈http://www.jrrc.or.jp/　E-mail:jrrc_info@jrrc.or.jp　電話03-3401-2382〉

ISBN978-4-416-61657-4